PARA ALEM DA LIBERDADE

VIAGEM AOS ESTADOS UNIDOS

Geraldo Gomes Gattolini

Para Além da
Liberdade
Viagem aos EUA
Geraldo Gomes Gattolini

O PAÍS DAS PARTIDAS DOBRADAS

Geraldo Gomes Gattolini

O Boeing 707 da PanAm, maior empresa aérea do mundo, decolou às 22 horas de Viracopos (Campinas) em direção aos Estados Unidos. A bordo iam diversos empresários e algumas famílias. Pelo que soube todos eram industriais no Brasil e estavam sempre importando ou exportando equipamentos e peças norte-americanas. Eu era um dos três jornalistas a bordo. Era o dia 8 de junho de 1969. Poderíamos participar direta ou indiretamente das comemorações do lançamento do homem à lua, dentro do programa idealizado por John Kennedy em 1961, quando disse que ainda nesta década os americanos iriam colocar um astronauta norte-americano andando ou passeando na lua. Este programa fazia parte da corrida aeroespacial entre Estados Unidos e União Soviética. Numa memorável jogada de marketing, os russos já tinham colocado um satélite girando em torno da Terra em 1957, consagrando em todo mundo o astronauta Iury Gagarin. Portanto, era preciso superar os russos. E para tanto bastava conquistar o satélite, deixando lá a bandeira dos Estados Unidos.

Pouco tempo depois da decolagem, um grupo de seis pessoas se reuniu em torno de uma poltrona. E as risadas começaram. Tinha a certeza que o sr. Waldemar dos Santos, presidente do Grupo DCI, Shopping News e City News estava a bordo. Ele era conhecido pelo homem das mil e uma piadas. A Aeromoça insistiu para que todos ocupassem seus assentos. Ninguém lhe deu atenção. O som das gargalhadas percorria o avião. Duas aeromoças apareceram com seus carrinhos de jantar. "Os senhores poderiam se sentar em seus lugares? O que desejam? Temos água, vinho, uísque e um delicioso filé à chateaubriand e batata assada." Apenas uma pessoa prestou atenção." A aeromoça chefe veio pedir para que eles dessem um breve tempo até ser servido o jantar. Também foi infrutífero o pedido. Ela se dirigiu à cabine de comando. Em seguida saiu o aviso para que todos se sentassem. A piada corria solta. Até que apareceu a voz do comandante. "Estamos entrando numa área de turbulência. Favor sentarem-se. Os avisos indicam apertem os cintos." Ele voltou para o cockpit. Logo em seguida o avião começou a fazer curvas e a subir e descer como se desse uns pinotes. Só aí os piadistas pararam. E assim as comissárias começaram a servir o jantar.

Quando o avião desceu em Nova York, não havia nenhuma faixa comemorativa do grande evento da descida do homem na lua. Isso porque três foguetes haviam explodido meses antes na rampa de lançamento.

Nova York

NA ALFÂNDEGA

Meu grande drama foi passar pela alfândega. Uma amiga que trabalhava no Banco do Brasil pediu para levar para a família dela os famosos bate-bate do meu sogro, João Vicente Ferreira. Era uma mistura de pinga com caju, manga, cajá e umbu, frutas abundantes no Nordeste. Levava uma mala e uma sacola com essas bebidas e feijão, arroz, fubá, queijo e manteiga de garrafa. O fiscal olhou para tudo aquilo e perguntou do que se tratava. Atrás de mim estava o guia da PanAm que lhe narrou em que consistia aquela bagagem. Ele falou que era para consumo próprio. Hoje seria impossível entrar nos Estados Unidos com aqueles quatro litros de bebidas. O episódio de 11 de setembro provocou a criação de inúmeras exigências. Nos aeroportos norte-americanos foram contratados 80 mil agentes para inspeção de bagagens. Um pequeno vidro de perfume pode ser barrado.

Do aeroporto até o centro da cidade não vi nenhum edifício que me despertasse atenção. Existiam muitos edifícios com tijolo aparente. Julguei que aquela característica das construções objetivava economizar no acabamento. Quando o táxi chegou na 5ª. Avenida passei a achar interessante. Um pouco mais distante avistamos o Empire States, que era o cartão postal da grande metrópole. Tínhamos um guia que iria nos orientar nos passeios. Em pouco tempo as malas foram desembaraçadas. Fomos atendidos rapidamente. Em seguida subimos para o quarto. Tinha três camas. Meu colega de quarto se apresentou. Seu nome é José Bernardes; teria alguma intimidade com a cidade. Foi o que pensei quando ele apontou alguns edifícios e os indicou pelo nome. Sugeriu que a gente fosse comer alguma coisa. Poucos minutos a seguir conclui que ele não tinha nenhum conhecimento de inglês. Pediu-me para que lhe sugerisse o que comer no breakfast.

Alguém apareceu com um microfone. Daí em diante todos os passageiros passaram a ouvir as piadas do Waldemar, que estava impossível. Quando finalmente cansou pediu para um amigo cantar Tardes de Lindóia e Torna a Surriento. Foi servido um lanche especial no bar do hotel. Alguém sugeriu um passeio pelo Central Park. Depois de uma viagem cansativa era a pior sugestão que poderíamos ouvir. Um senhor de nome Luciano deitou-se na grama e logo começou a roncar. Todos estavam realmente cansados. A polícia apareceu e nos levou para o hotel. Uma vergonha.

Depois do passeio ao Central Park fomos dormir. Mas as piadas continuavam no outro quarto. José Bernardes reclamou do preço do quarto. 10 dólares a diária para dois. Hoje, com a inflação nos Estados Unidos, a diária no mesmo hotel chega a 120 dólares. É ainda um dos mais baratos da cidade.

Dormimos até outro dia. Ninguém acordou para o jantar. Lá pelas oito horas da manhã, nosso guia apareceu com um representante da Pan Am. Encareceu melhor comportamento. Afinal eram todos adultos. O mais novo tinha 29 anos. Luciano foi glorificado o tempo todo. Até quando viveu sofreu gozações. Afinal tinha sido o único brasileiro fichado nos anais da polícia de Nova York por ter dormido no gramado do Central Park.

Fomos conhecer o prédio da ONU. O guia fez questão de nos mostrar um prédio que segundo ele ficaria para sempre na história da cidade. Era o World Trade Center que já estava no 23º. andar. Passaria a fama do Empire State. Mal sabia ele que realmente o prédio ficaria famoso. Mas pela sua destruição. No dia 11 de setembro de 2001, dois aviões foram jogados contra ele. Uma destruição que ficou nos anais da história mundial e abalou a tão famosa valentia dos americanos de raiz.

ESTÁTUA DA LIBERDADE

Depois do prédio da ONU fomos conhecer a famosa Estátua da Liberdade. Admiramos a sua construção, oca por dentro, permitindo a entrada até seus olhos. A vista do porto de dentro da cabeça daquele símbolo da democracia norte-americana era o reconhecimento de sua energia. Todos navios que passavam pela estátua apitavam suas sirenes. Quantos sonhos a estátua viu passar por ela. Muitos foram reconhecidos. Outros se perderam, mas há ainda muitas esperanças de que outros virão.

Passamos várias vezes por Times Square. Um dos mais famosos pontos turísticos da cidade estava praticamente abandonado. A prefeitura passava por grandes apertos. O endividamento tinha crescido exponencialmente. Latões de lixo por todo lado. Gatos brigando. Moradores de rua abandonados. Na Avenida Bovary aproximadamente 11 mil pessoas estavam abandonadas. Perguntei se o governo dava assistência aos moradores. A resposta foi

Liguei para Sônia no Banco do Brasil. Ela me convidou para jantar na casa dela no outro dia. Contei-lhe que tinha trazido uns presentes do Brasil e ela então disse: "Então vou para aí agora." Chegou com uma amiga muito bonita que também trabalhava no BB. Ela ficou muito feliz com os presentes. Sua amiga Estela me disse que poderia me levar para conhecer o outro lado de Nova York. Saí com elas do hotel. Sônia pegou o metrô e foi para casa. Magaly ficou comigo e me levou para jantar. Contou-me sobre sua vida na grande metrópole, seu divórcio e falou muito sobre seu progresso profissional. Fomos ao Carnegie Hall. Assistimos a um duplo espetáculo. Depois ela se despediu em frente ao meu hotel, deu-me um beijo no rosto, entrou num táxi e foi embora.

ALGO MAIS SÉRIO

Magaly ligou logo cedo. Queria saber como tinha passado a noite. José Bernardes queria saber dos detalhes do encontro. Disse-lhe que era só uma amiga recente. "Mas se deu beijo no rosto é que existe algo mais sério. Você é meio ingênuo com esse negócio de mulher. Já percebi isso. Deixe que eu vou te orientando. "Em seguida disse que íamos visitar o bairro chinês, o China Town. Era um bairro muito grande e movimentado, mas sujo e com um cheiro insuportável de comida. Mesmo assim fiquei lá um tempo.

Resolvi ligar para Magaly. "Você não consegue comer essa comida? Venha aqui conhecer o banco que eu levo você para almoçar. Traga seus amigos. Fomos até o Banco do Brasil. Qual não foi minha surpresa quando alguém me pegou por detrás e me levantou no ar. Pensei que era a polícia. Não, era meu amigo Aymone Summa, alto funcionário do Banco do Brasil em São Paulo e que estava com a equipe do ministro Delfim Neto para a inauguração da filial do Banco do Estado de São Paulo.

Saímos para o almoço. Nossa turma era de 11 pessoas, mais Magaly, que estava muito bem vestida e maquiada. Muito sorridente, logo despertou atenção. Durante o almoço disse que ia me levar à casa de nossa amiga Sônia para um jantar com sua filha e seu marido. Ela também estava muito interessada nas batidas que eu havia trazido. Os demais perguntaram se não estavam convidados. Disse que não. Que o jantar seria íntimo. Foi um oh...oh...oh bem extenso e sonoro. Alguém falou: "Geraldinho mal chegou e conquistou".

NO EMPIRE

Magaly riu e foi trabalhar. E nós saímos em busca de nova aventura. A missão agora era ir ao Empire States, a arrojada obra que foi feita em apenas trinta e três meses.

Foi construído com três lances de elevadores. Fiquei admirado de ver a engenharia. A gente saía de um andar e já pegava outro elevador para um outro andar. Lá em cima podíamos ver a cidade. Um grupo de seis lunetas permitia enxergar os extremos da cidade, inclusive o Central Park em sua totalidade. Um guia da prefeitura dava informações sobre a cidade. O majestoso parque foi construído por iniciativa de duas pessoas que consideram que Nova York estava crescendo rapidamente e precisava de uma área verde para renovar o ar e melhorar a respiração. Havia no começo do século muitas mortes provocadas por doenças pulmonares. Sábia iniciativa. Fiquei admirado de ver uma banca de revista que trocava traveler 's checks com a maior naturalidade. Bastava a gente assinar no verso. Não exigia carteira de identidade e nem outro qualquer documento. Eram tempos sem cartão de crédito.

No Brasil essa facilidade não existia. Só havia o cheque que gerava muita desconfiança. Saí de lá com uns duzentos dólares, dinheiro suficiente para muitos dias de passeios. Magaly apareceu no hotel com a Sônia para me pegar. Dos quatro litros de bate-bate, separei um para Magaly para ela pegar no dia seguinte. Descemos até o subsolo do hotel. Ali existia uma estação do metrô. Fui com elas admirado de ver o trem deslizando sobre aqueles trilhos, mas não gostei de duas coisas: do barulho das rodas em contato com os trilhos e nem da sujeira. A viagem foi rápida. O marido de Sônia era italiano. Havia morado de São Paulo onde trabalhou como alfaiate. Em Nova York tinha o emprego de modista, o que lhe dava um bem aparente olhar de orgulho. Possuía um automóvel Buick 1952, da Chevrolet, que era admirado. Muitos imigrantes – contou-me ele -- imaginavam que aquele era um carro do ano. Tomou logo uns três copos de bate-bate e se transformou num homem feliz. Sua filha de uns 18 anos estava na cozinha preparando o jantar, muito contrariada. Magaly piscou para mim. Entendi que era pra gente não demorar. Depois assistimos um pouco de televisão e fomos embora. Deixou-me na porta do hotel. Beijou-me no rosto e foi embora.

O RABO NO MINISTRO

No dia seguinte nosso grupo foi conhecer o Museu de Artes. Resolvemos ir depois do almoço numa loja que ficava num prédio da rua 43. Seu proprietário nos contou que chegou à cidade há mais de 30 anos. Estava feliz. Tinha se realizado. A loja era grande. Pegava todo o andar. De repente olhei para um corredor de onde vinha umas vozes de brasileiros. Olhei de novo e vi o ministro Delfim Neto acompanhado de dois assessores. Contavam piadas, faziam gozações e colocaram no ministro um rabo feito com uma gravata. E riam muito. Fiquei meio escondido para ver aonde ia chegar aquela palhaçada. Dois amigos de viagem ficaram comigo. E não paravam de rir. "Onde já se viu fazerem isso com o ministro mais famoso do Brasil?" Lamentei não estar com minha máquina fotográfica. Algumas pessoas paravam para ver o rabão no ministro. Até o dono da loja ria.

Pagamos as contas e descemos. Ficamos na esquina para ver se o ministro ia sair na rua com rabo de gravata. Desceram. O enfeite não estava mais com ele. Um dos assessores eu conhecia. Era um japonês. O outro foi chefe de gabinete do ministro. Eles foram embora e nós seguimos outro rumo. Resolvemos conhecer a rua onde ficava a Bolsa de Valores de Nova York, a famosa Wall Street. Nosso guia entrou no prédio. Logo depois chegou e disse. "Consegui uma rápida excursão ao prédio. Encontrei no corredor meu amigo Jayme Dantas, um dos mais famosos jornalistas do Brasil. Estava nos Estados Unidos há alguns anos. Escrevia para o Jornal do Brasil e para mais duas agências de notícias. Disse que estava lotado em Washington. Peguei seu cartão e lhe disse que ia procurá-lo para umas dicas.

Voltamos para o hotel. Todos cansados. Dormimos a tarde toda. Liguei para Magaly. Ela me disse que ia me pegar às 19,30 E que levasse pijama e uma troca de roupa. Passamos numa lanchonete. Conversamos muito sobre o futuro dos Estados Unidos. Ela me disse para ficar atento às passeatas que aconteciam diariamente na cidade. Na hora de dormir fiquei nervoso. Comecei a tremer. Ela me disse: "Você está emocionado?" Eu ingenuamente respondi que não, não estava emocionado. "Então o que você tem?" Reparei que um terço católico que estava pendurado na guarda de sua cama balançava e batia na cabeceira de madeira. "Não fique nervoso. Vou lhe dar um banho e tudo passará."

VISITANDO OS POBRES

Acordei no dia seguinte sem saber o que tinha acontecido. Magaly ria muito e me disse: "Você teve o comportamento de um bebê" Fiquei pensativo. O que teria acontecido? "Você não traiu ninguém. E eu também. Você estava cansado mesmo e bebeu um pouco demais. Isto é, apenas um copo de bate-bate. Dormiu em seguida e acordou hoje. Vamos agora ao que interessa. Você disse que queria ir aos bairros pobres. Liguei para o José Bernardes dizendo que você estava bem e iríamos passear. Ele perguntou para onde e eu disse: Ele quer conhecer a pobreza. "

Durante aproximadamente cinco horas percorremos quatro vilas do bairro do Bronx. Magaly tinha em mãos um livro sobre a grande metrópole. Realmente, a pobreza saltava aos olhos. Ela me disse que 75 por cento dos habitantes daquela área da cidade eram pobres e negros. E o restante imigrantes pobres. Os negros olhavam para nós com ferocidade. "No Brasil –disse ela – existe a segregação, mas não a discriminação como aqui. Há lugares em os negros não podem entrar, como cinema, ônibus, escolas, hotéis, restaurantes. Em Manhattan, os habitantes brancos fazem acordos. Cada morador que quiser se mudar para um bairro, mesmo comprando a propriedade, tem que apresentar o interessado para os antigos moradores brancos. Eles acham que os negros desvalorizam os bairros e as residências."

O PASSEIO NA LUA

Logo depois ela me sugeriu que fôssemos embora. Ela me disse que marcou um jantar em casa de Sônia. Devíamos chegar mais cedo para ver a descida do homem na lua. Só aí me lembrei que meu diretor me pediu para fazer um retrospecto sobre esse grande acontecimento para a humanidade e a repercussão entre o povo americano. Foi emocionante ver pela televisão o passeio do astronauta Louis Armstrong descer e passear na lua. Pareceu-me que tudo não passava de uma montagem feita por algum estúdio de cinema. Também foi a primeira vez que vi uma TV a cores. Sônia e seu marido nos levaram para o hotel. De lá Magaly foi para sua casa.

No dia seguinte resolvi ficar com meu colega de quarto. Fomos dar uma volta pela cidade. Bem na entrada do bairro Greenwich Village, defrontamo-nos com um bando de mulheres só de calcinhas. Era o desdobramento de um processo de protesto que as mulheres já vinham fazendo. Realmente, um sucesso. José ficou entusiasmado. Disse que ia adiar sua volta ao Brasil. "Um acontecimento como este precisa ser melhor aproveitado." Puxou-me pelo braço. E fomos atrás daquele bando de mulheres sem vergonha – em meu modo de entender. Deparamos também com um grupo de rapazes de cueca que protestava contra a guerra do Vietnam.

À tarde do dia 18 de junho fomos à uma fazenda onde haveria um show. Logo de cara fiquei estupefato de ver jovens branquelas com rapazes brancos e pretos passeando livremente. De repente começou uma música ensurdecedora. José tampava os ouvidos com duas mãos. Rapazes se jogavam num lamaçal. Uma loira só de calcinha dirigia uma moto. Na garupa vinha um rapaz preto de smoking. Era realmente um aspecto gritante, muito mais que surpreendente. Para chegar ao local pegamos um trânsito pesado. Um táxi estava parado. José e eu resolvemos ir embora. Nosso guia da Pan Am ficou por lá. Só muitos anos depois fiquei sabendo que aquilo tinha sido o maior show do mundo, segundo um sobrinho que viu umas fotos e eu disse que tinha estado lá. "Mas você mora neste mundo? Não sabe realmente o que foi esse acontecimento?" Ante minha negativa, disse para a namorada. "Eu não disse que ele era meio alienado?"

Quando chegamos ao hotel havia um recado. Dentro de três dias iríamos a Boston visitar a Universidade de Harvard. Era um passeio positivo. Iríamos conhecer uma das mais renomadas universidades do mundo, mas José considerou que existiam outras coisas mais importantes a fazer. Ele considerava que ver pela televisão repetidas vezes a descida do homem na lua se constituía em algo inusitado. Assim passamos a manhã.

À noite saímos com Magaly, José e Waldemar para o jantar. Pedimos pizza. Qual não foi nossa surpresa quando solicitamos a conta e o garçom nos perguntou o que iríamos comer de prato principal. Magaly explicou que naquele restaurante a pizza era considerada entrada para o jantar. Então tivemos que jantar. Depois saímos andando pela Quinta Avenida. Magaly disse que estava pensando em voltar para o Brasil. O empresário Waldemar dos Santos, dono do DCI, City News e Shopping News, disse que quando fosse ao Brasil em definitivo procurasse-o. Quem sabe teria um emprego para ela? Ela respondeu: "Agradeço. Quem sabe apareço. Se acertarmos o salário. Quem sabe eu aceito. Quero ganhar bem." Virando-se para mim, Waldemar falou: "Vá me visitar. Tenho uma proposta para você também."

PARA BOSTON

No hotel o chefe da recepção nos informou que no dia seguinte iríamos para Boston. E em sequência para a Philadelphia e Washington. Despedi-me de Magaly na calçada do hotel. Ela me disse que iria me procurar quando chegasse ao Brasil. "E´muito fácil encontrar você. Tenho dois amigos no Estadão. Despediu-se carinhosamente. José e Waldemar observaram a cena. "Xii...cara...essa aí grudou."

O ônibus que nos levou a Boston era bastante confortável. Rodovia com cinco pistas de cada lado, bem sinalizada, sem qualquer buraco ou ondulações. O guia nos disse que o governo não as construía. Era planejada pela iniciativa privada e construída por ela. O governo apenas supervisionava.

Boston parecia manter as linhas arquitetônicas dos bairros de Nova York. Muito amarronzada. Em frente ao prédio de Harvard foi colocada uma réplica do foguete Saturno. Foram feitas dezenas de testes com este foguete. Ele demonstrou sua eficiência.

A visita foi rápida. Um monitor da escola deu explicações. O governo bancava a maior parte das despesas da Universidade e o aluno apenas uma parte. Assim seus fundadores e dirigentes acreditavam que acabavam com privilégio da riqueza. Todos os alunos deveriam ser tratados com igualdade e oportunidade. Esse princípio norteou a universidade. Além de Harvard, Massachusetts abrigava também o MIT, um dos mais renomados centros de pesquisas do mundo, responsável direto pela tecnologia empregada nas viagens espaciais. A instituição que mais nos impressionou foi o Museu de Belas Artes com sua coleção de peças magistrais do Egito, a pintura dos impressionistas europeus e americanos e a coleção de 5 mil peças de artes do Japão antigo.

Boston vivia um período conturbado. Graves problemas sociais como desemprego e falta de moradias decentes estavam provocando sério deslocamento da população. A cidade vinha rapidamente perdendo habitantes. Registrava-se também aumento da violência. No ano de 1968, a polícia indicou 26,5% de mortes para cada grupo de 100 mil habitantes. Perto da taxa de violência do Rio de Janeiro de 2018.

Depois de um lanche rápido, fomos visitar o museu de artes, a prefeitura municipal, que se localizava num prédio antigo e realizamos passeio por um belo jardim, cujo arquiteto deve ter tido a inspiração dos jardins britânicos.

NA FILADÉLFIA

Chegamos a Filadélfia lá pelas 14 horas. Fomos direto para o Museu da Independência. Conhecemos o sino que bateu muitas horas seguidas para anunciar a independência dos Estados Unidos. Depois visitamos o Museu Ferroviário, que tinha uma réplica perfeita de uma estação de trens no estilo da Maria Fumaça. Várias composições chegavam e saiam. Os que saíam entravam num túnel. Passando para outra sala era a estação de Boston com características diferentes. Os trens apitavam quando chegavam ou partiam. Um bonequinho com boné saía de dentro da estação, apitava, e o trem partia. A estação era movimentada.

Muitos ônibus com estudantes chegavam para visitar o Museu. O preço da entrada era um dólar. Em pouco mais de duas horas, uns trezentos alunos do primeiro e segundo grau entraram para fazerem visitas ou então para resgatarem a história do pai, do avô ou de algum outro parente.

Notamos também que nas ruas ou atravessando as praças havia

muitos jovens carregando instrumentos. Eram estudantes norte-americanos ou de várias partes do mundo. Boston e Philadelphia eram os mais importantes centros de ensino de música erudita do ocidente. Cada uma delas tinha duas orquestras sinfônicas. Uma das mais conhecidas era a Boston Pops.

Também nesta cidade havia graves problemas sociais. Os habitantes acreditavam que a região estava entrando em colapso por causa da guerra. Ali também existiam grupos que protestavam contra a política norte-americana que estava ceifando muitas vidas jovens inutilmente no Vietnam. Já eram mais de 40 mil mortes.

Lemos um recorte de um editorial de um jornal que assim se expressava: "Cuidado com o complexo industrial militar dos EUA." Era uma frase do ex-presidente Eisenhower quando entregou o poder a John Kennedy. Talvez ele quisesse defender o complexo que era gigantesco. Kennedy tentou segurar a guerra durante seu curto período governamental, mas não conseguiu.

Lá pelas 16 horas rumamos para Washington. Tinha comprado no Museu Ferroviário uma pequena réplica do sino da independência que ficou comigo durante muitos anos. Também comprei duas camisetas. Uma de Harvard e outra do museu.

NA CAPITAL

Na capital dos Estados Unidos fomos alojados no Hotel Mayflower. Assim que terminei de preencher a documentação, lembrei-me das primeiras aulas de inglês. A professora, uma jovenzinha de 21 anos, era uma graça. Falou-nos sobre os pioneiros americanos que vieram da Inglaterra para terem uma vida democrática e liberdade de culto religioso. Queriam um lugar onde pudessem professar a fé sem qualquer tipo de perseguição. Enquanto formavam um grupo homogêneo, conseguiram a tão sonhada democracia da fé.

O hotel ficava na Av. Connecticut, bem perto da Casa Branca. Fomos tomar um lanche. Recebemos uma recomendação surpreendente. "Não saiam sozinhos à noite. Nessa quadra econômica difícil, há muitos assaltantes. Saiam pelo menos em três." Conosco ia um casal de gaúchos. Muito falantes. Queriam demonstrar que conheciam a capital.

E recomendavam sempre cautela e nada de briga. Notei que também os descendentes de africanos tinham postura arrogante. Jamais paravam para dar uma orientação a um estrangeiro. Notei que os brancos também agiam assim. Tínhamos a ideia de que eles pretendiam ser o centro do mundo. Mas notei também que as cidades demonstravam decadência, principalmente nas periferias. Tal como aconteceu na Philadelfia, fomos aconselhados a sairmos sempre em grupo. Sozinho, o perigo de assalto seria factível.

A parte central de Washington estava melhor cuidada do que as demais grandes cidades. A capital dos Estados Unidos parecia ter sido projetada e construída pela Maçonaria. Todos os símbolos maçons estavam presentes. O esquadro e o compasso, a pá do pedreiro, o avental do padeiro, a lótus e o cravo, as marcações nas calçadas para o maçom andar em zigue-zague em caso de necessidade. Frequentei a maçonaria em São Paulo e conhecia bem os símbolos. Não há nenhuma outra capital no mundo com essas características.

CONTRADIÇÕES

O lado surpreendente da cultura americana em Washington é o espírito de reverência às leis. Mas, então, como compreender as atitudes belicosas da elite, que está sempre envolvida com o espírito guerreiro? A elite faz guerra mesmo contrariando as leis. É a presunção de superioridade. "Nós temos interesses. Por isso os defendemos."

Esta afirmação é do ex-presidente Lyndon Johnson. "Na paz ou na guerra nossa bandeira sempre estará no lugar mais alto." O espírito belicoso começou com a formação da Nação. Imbuídos pela ganância da riqueza, destruíram as nações indígenas, arrasaram seus territórios. No livro "Enterrem Meu Coração Na Curva do Rio,"o autor descreveu como os índios foram enganados pelas autoridades, inclusive pelos presidentes da República. A tal ponto chegaram esses desentendimentos, que o cacique Touro Sentado falou para o general Laszlo: "Só converso com gente que tem caráter. Seu presidente já demonstrou que não tem. Ele só procura nos enganar." Acredita-se hoje que morreram nas batalhas de conquista das terras e no enfrentamento entre índios, militares e a população civil mais de 800 mil pessoas. Esta era uma disputa patrimonial. Os brancos queriam terras para trabalhar; os índios também. Doenças levadas pelos brancos também contribuíram para destruir os índios. Foi uma enorme lacuna de um Estado que prima pelo cumprimento das leis, como dissemos acima, mas tem outros caminhos quando se trata de levar avante os planos de conquistas e dos interesses das elites.

PONTOS TURÍSTICOS

Os principais pontos turísticos da capital americana são: a Casa Branca, o Capitólio, o Lincoln Memorial, o quarto de Lincoln com a famosa cama de mais de dois metros, o prédio da Suprema Corte, o Museu da Aeronáutica, o Pentágono, o Cemitério de Arlington , a Biblioteca Nacional, o Museu de Artes, o Rio Potomack, Georgetown e a própria cidade. Talvez a mais importante obra tenha sido nesta época os constantes movimentos de reivindicações populares, entre os quais se sobressaíram a marcha das crianças, os protestos dos jovens e dos mutilados de guerra.

A Casa Branca me pareceu mais uma residência de fazendeiros do café do Brasil. Não tinha nada de excepcional. Fiquei ligeiramente impressionado com o Salão Oval, onde os presidentes trabalhavam, a famosa lareira do século XVIII, mas me decepcionei com a Sala de Imprensa, muito pequena para abrigar tantos correspondentes. Desde a década dos anos 50, os presidentes estavam usando o jardim frontal para os discursos e apresentações das iniciativas presidenciais. Imaginei também que o jardim era muito vulnerável a um ataque terrorista. Alguns anos depois um piloto jogou um pequeno avião contra a Casa Branca, bem na parte frontal. Se estivesse carregado com bombas teria sido um estrago de grandes proporções. De qualquer forma, quando saí para a rua, senti uma grande emoção por ter conhecido por dentro um prédio tão famoso. Destinada a ser o centro administrativo dos Estados Unidos, a Casa Branca teve vários percalços. Foi desprezada por alguns presidentes, principalmente aqueles que tinham famílias numerosas. Possuía poucos quartos, Os banheiros eram problemáticos; as cozinhas excessivamente pequenas. A Casa Branca sofreu várias reformas. A principal delas foi quando dois batalhões ingleses subiram, em 1812, o rio Potomac, pararam bem em frente à lateral sul, desembarcaram e atearam fogo no prédio que já era o maior símbolo na nação. Por três dias queimou intensamente. Os dois batalhões também atearam fogo em outros prédios, destruindo praticamente a jovem capital.

A reconstrução começou logo em seguida. Em 1817 o presidente James Monroe mudou-se para a casa semi-reconstruída. Em 1829, em meio a grandes dificuldades funcionais, foram construídos o Pórtico Sul e o Norte. Em 1837 o presidente Howard Taft construiu a Ala Oeste e criou o primeiro salão oval. O terceiro andar, que era um sótão, foi transformado em área residencial. Em 1948 foi constatado perigo de desabamento. E a viga mestra foi trocada. Até o ano 2000 foram feitas mais seis reformas.

Em 1961, coube à Jaqueline Kennedy coordenar a segunda maior reforma da Casa Branca. Ela mandou fazer quatro quartos, três banheiros e uma pequena cozinha para as crianças e eventuais hóspedes. Trocou todos móveis e tapetes. Reformou a lareira do salão oval. Mandou consertar o telhado e construiu duas novas caixas d'água. Trocou o fogão e a geladeira da cozinha, que fica no andar inferior. Mandou fazer um túnel de segurança para ser usado em caso de guerra em caso de guerra nuclear. Formada em artes na Universidade Paris, deu um toque de bom gosto naquela velha Casa Branca. Não gastou nenhum dólar do contribuinte. Fez tudo com recursos de doações.

CEMITÉRIO DE ARLINGTON

Dali saímos direto para o Cemitério de Arlington. Logo na entrada, havia uma placa pedindo aos visitantes silêncio e respeito. O guia nos falou que ali estavam enterradas milhares de cinzas. Perto de 150 mil heróis enterrados. Em 2020 foram contabilizados mais de 300 mil. O túmulo mais famoso era do presidente John Kennedy. Ao lado estava enterrado Bob, seu irmão, ambos mortos em circunstâncias trágicas; agora ao lado de John estão enterradas as cinzas de sua esposa Jaqueline. Uma chama eterna brilha desde 1963 ao lado do túmulo de John, iniciativa de sua esposa.

Muito famosa era a troca de guardas junto ao Túmulo do Soldado Desconhecido, uma homenagem aos militares anônimos que tombaram defendendo a política do governo federal. Impressionante a fileira infinita de cruzes brancas fincadas num terreno de 247 hectares.

O cemitério é uma expressiva demonstração da belicosidade do complexo industrial-militar dos Estados Unidos. Ali não estão enterrados todos os militares mortos em batalhas. Há muitos corpos espalhados ou abandonados pelo mundo. Por isso mesmo entende-se nas novas gerações o sentimento de contestação que há hoje entre os jovens. Alistar os jovens nas forças armadas está agora mais difícil. No passado falava-se muito em glória de servir à pátria. Hoje é mais fácil conseguir a adesão dos jovens para fins pacíficos. Como os Estados Unidos tornaram-se autossuficientes em petróleo e a presença dos carros elétricos nas ruas e nas estradas americanas é cada vez mais numerosa, fica evidente que a causa principal de quase todas as guerras em que os norte-americanos se envolveram, está deixando de existir.

OS AVIÕES

Depois do lanche, o guia nos sugeriu um passeio bem demorado ao Museu da Aeronáutica. Lá estavam expostos os principais modelos de aviões fabricados nos Estados Unidos, desde o famoso planador dos irmãos Wright até e uma réplica da Apolo 11, que muitos anos depois foi exibida no Brasil com grande estardalhaço da imprensa. Fiquei muito impressionado com o avião Constellation de quatro motores, provavelmente o aparelho mais bonito fabricado pelos homens.

A grande surpresa foi dada pela exposição das pedras da lua, trazidas pela Apolo 11. E não tinham nada de excepcional. Eram do mesmo formato e tamanho das pedras usadas pelas ferrovias para segurarem os dormentes. Alguém disse que na verdade aquelas pedras foram retiradas de alguma estrada de ferro. Também me impressionou: Era muito expressiva uma foto gigantesca colada numa parede. Era o planeta Terra visto da lua. Fiquei imaginando quanta ignomínia existia em nosso planeta comparada com a beleza da obra do Criador. Chegar à lua e não ter um entendimento de paz entre os homens? Lembremos que os Estados Unidos estavam envolvidos na mortífera guerra do Vietnã . Aproveitamos a tarde para visitar o Lincoln Memorial, uma homenagem ao célebre presidente da libertação dos escravos e da guerra de Secessão. Existiam naquela época jovens norte-americanos que consideravam um exagero o monumento ao presidente que havia provocado a guerra. Outras pessoas mais velhas consideravam Lincoln merecedor de todas as homenagens, uma vez que manteve a integridade da Nação, quando duas grandes potências, a França e a Inglaterra, apoiavam a divisão entre norte e sul, financiando os confederados militares sulistas, que eram contra a libertação dos escravos.

BALTIMORE

"Se você for a Baltimore muito cuidado. Você pode não voltar" Mesmo assim resolvemos ir até lá. Falavam numa cidade de contrastes. Todos os funcionários públicos ou da iniciativa privada que ganhavam baixos salários, moravam naquele município, distante uns 50 quilômetros da capital.

Muitos habitantes dos Estados Unidos mudaram-se para Baltimore, porque, como fazia parte do Distrito da Capital, estavam isentos da taxa do imposto, que naquela época girava em torno de 12 por cento, hoje reduzido para 6 por cento. Portanto, era uma grande diferença em relação aos minguados salários. Segundo me contou um norte-americano que esteve naquela cidade recentemente, Baltimore não evoluiu. Ainda é um município atrasado, muito parecido com as cidades que surgiram em função de Brasília. Calcula-se que a renda do povo em Baltimore seja 60 por cento da média nacional. Mas em contraste com os habitantes da periferia de Brasília, o nível educacional é maior em todos os sentidos. Como na maioria das cidades médias dos Estados Unidos, o salário mínimo atinge no máximo 700 dólares. Nas pequenas, o salário mínimo é de 500 dólares.

OS BASTIDORES

De volta a Washington liguei para Jayme Dantas, famoso correspondente do Jornal do Brasil nos EUA. Perguntei a ele sobre a corrupção e ele me disse: "Existe sim, mas é algo muito ligado aos estados e ao setor industrial. Ainda recentemente surgiram boatos envolvendo uma das maiores indústrias aeronáuticas com o governo do Japão. Para que o fornecimento fosse garantido, a comissão paga pode ter chegado a 15 por cento, uma fortuna imensa. Disse ainda que uma comissão federal estava investigando a venda de navios à Arábia Saudita, no âmbito do acordo de colaboração bilateral."

No passado também foram registrados diversos lances de ilegalidade. Quase todas as ferrovias dos americanos foram construídas com dinheiro levantado no exterior. Bastava ao agente dos banqueiros encontrar um grupo que desejasse construir uma ferrovia. O projeto precisava ter o aval de alguém próximo ao governo. De posse da autorização, imediatamente o banco levantava o dinheiro, principalmente na city londrina, e a construção da ferrovia poderia começar. Deputados corriam atrás da desapropriação dos terrenos ou mais facilmente conseguir as doações dos mesmos.

Jayme me disse que a maioria dessas ferrovias nunca foi paga. Muitas vezes o empreendedor lançava ações. O dinheiro ia direto para o bolso do lançador e aí entrava uma grande corrente de intermediários.

A própria crise de 1929 foi originada pela desorganização dos bancos que passaram a aceitar qualquer tipo de negócio lucrativo na aparência. Títulos das ferrovias apareceram no bojo dos negócios inadimplentes. Corretoras e bancos lançaram ações sem lastro. Até 1937 os Estados Unidos estiveram em recessão em consequência dos negócios altamente especulativos. Em 2008,outra vez, instituições americanas estiveram envolvidas em grandes prejuízos. Muitas delas, antevendo o perigo, empurraram seus prejuízos para os fundos de investimentos, inclusive os de aposentadoria. Em 2019 foram contados mais de 2 mil escritórios de lobbies com 112 mil funcionários. Seus maiores clientes foram China, Venezuela, Equador e atualmente os reis da Arábia Saudita, o Emir do Qatar e os Emirados árabes. Há quem enxergue nos lobbies um instrumento democrático para auxiliar os congressistas a elaborar as leis.

Os lobbies apareceram nos Estados Unidos no final do século dezenove e foram regulamentados no século seguinte. Eles conseguiram do congresso a supressão de leis e portarias que poderiam provocar a prisão. São conhecidos os casos em que dirigentes de grandes instituições e bancos não foram punidos. Até hoje os dirigentes do Lehman Brothers não foram punidos. A Justiça não conseguiu punir os culpados porque leis proibitivas foram revogadas. No passado alguns dirigentes de ferrovias foram presos. Pelas leis de hoje estariam livres.

Jayme destacou que os estados onde existiam mais sinais de corrupção eram Illinois, principalmente em sua capital, a famosa Chicago, o Texas e Louisiana. Construtoras estavam no topo da enorme lista. De Chicago foram presos 30 por cento dos vereadores e deputados; o julgamento final ia demorar um tempão. Jayme me convidou para ir até sua sala, uma vez que precisava mandar matérias para o JB e para uma agência de notícias. Combinamos um encontro à noite para um jantar.

O jantar foi maravilhoso. Havia um conjunto musical da velha guarda tocando jazz. A comida à base de peixe e anchovas foi muito bem servida. Teve vinho da Califórnia .Jayme pediu a sua bebida preferida-cerveja Bud. O casal de gaúchos preferiu vinho tinto. E eu um espumante. Na hora de pagar queríamos fazer um rateio, mas o casal pegou a nota fiscal e pagou.

De repente encostam uma mesinha ao lado, uma moça de maiô sobe na mesa e começa a dançar. Meu amigo José ficou feliz. A moça foi tirando a roupa e o conjunto ia tocando entusiasmado. Eu fiquei envergonhado. José entusiasmava a moça, que ria e se rebolava. Até que terminou seu show e nós tivemos que gemer com um presente bem alentado troco à bailarina, por sugestão do José.

Depois nos despedimos. Um grupo iria para Nova York. José, eu e o casal gaúcho iríamos para Miami no dia seguinte. Combinei com Jayme um encontro no JB na sede da Avenida Rio Branco no Rio de Janeiro.

Bem de manhã do dia seguinte, saímos para o aeroporto de Washington. Lá chegando encontramos duas aeromoças cariocas. "Para onde vocês vão? "Ora, para Miami." Mas elas argumentaram. " Miami nos fins de semana não tem nada a fazer. É muito chato. Por que vocês não vão   a

Nassau. Vocês têm passagem livre. Podem ir para onde quiserem". José achou a ideia interessante. Então resolvemos ir para lá. Era uma ilha paradisíaca. "E´ não custa conhecer." Quando chegamos tivemos a maior surpresa. Fomos detidos. É que não tínhamos visto de entrada do Reino Unido, ao qual pertence a ilha. O comandante do destacamento se lamentou. "Bem... vou deixar vocês conhecerem a ilha. Vou chamar um táxi bem barato." Virou-se para mim e perguntou: "És cantante de música da carnaval?" Aquela altura eu cantaria qualquer coisa. Então, virou-se para mim e disse:

"Vocês são meus hóspedes. Vão jantar comigo. Vão cantar comigo. Virando-se para José perguntou "Qual o nome dele?" ´ "E´ Geraldo chamado." À noite passei a ser chamado de Roberto, nome mais conhecido aqui. Felizmente, as aeromoças apareceram e ficaram entusiasmadas. Elas também iam jantar. E eu teria que cantar. Ainda bem que cantava muito samba, marcha e até frevo.

Passeamos pela ilha. Fomos até o hotel tomar banho e trocar de roupa. Levamos as meninas do PanAm para nos auxiliarem. Depois ensaiei com o conjunto. Um dos membros do conjunto sabia acompanhar e foi ensinando as batidas para os outros.

Cantei músicas do Mário Lago, do Noel, do Zé Ketti, do Haroldo Barbosa, do Ary Barroso, do Lupicínio, do Chico Buarque, Humberto Teixeira e de pelo menos mais uns vinte sambas. O comandante veio até mim e me pediu para cantar uma música da minha terra. "Você tem?" Cai na bobagem e disse que sim. "Então cante"

"Tardes silenciosas de Lindóia

Onde o sol morre tristonho,

Tardes em que toda a natureza,

Veste-se de um véu de sonho...

Quando terminei, o comandante do destacamento me levou para fora. O alto falante da praça estava ligado. O povão dançava. Fiquei extasiado. Uma das aeromoças falou: "Melhor levá-lo para dormir. " Assim me despedi de todos e prometi voltar brevemente. O avião sairia lá pelas 15 horas. As meninas ficaram de nos pegar. E assim o fizeram.

Como ainda tinha tempo, fomos conhecer mais duas ilhas e em seguida com as malas e os embrulhos o carro foi para o aeroporto. Agora a aventura ia começar e terminar na Flórida. José queria ficar mais alguns dias. E me disse "se é questão de dinheiro eu tenho"

A viagem à Flórida foi tumultuada. O avião pegou uma grande turbulência. Do lado esquerdo havia uma nuvem negra. Pegamos diversos raios. As comissárias estavam tensas. De repente elas sentaram-se. Afivelaram os cintos. Atrás de nós, o casal de gaúchos estava apavorado. "Acho que não vamos mais ver os nossos filhos. "Calma mamãe." – disse o marido. Mesmo em situação adversa ele continuava o costume de chamar a esposa de mamãe. De repente o avião deu um grande mergulho. Muitas pessoas colocavam as mãos nos ouvidos. Usavam até travesseiros na cabeça. Vi o mar chegando. Pensei em um desastre iminente. Em certo momento o avião entrou em estabilidade. Subiu o nariz. Olhei para fora e vi as marés brancas. As comissárias saíram pelos corredores. Sinal de que o perigo havia passado. Naquele vôo meu tímpano esquerdo estourou. A dor era lancinante. Fui atendido pelo médico do aeroporto. Passou uma receita. Estava tão empolgado com a cidade que não liguei muito para as dores. O importante agora era passear. O gaúcho e sua esposa estavam bem incomodados. A todo instante o marido perguntava: "Mamãe está bem ?" José –meu companheiro de viagem-estava incomodado com aquele tratamento gauchesco. Virando-se para o gaúcho perguntou: "E sua mãe não se incomoda de você ter duas mães?" O gaúcho fechou a cara, mas pediu se a gente poderia dar uma carona para o hotel.

José estava a fim de gozar com o gaúcho. Por isso queria ficar perto dele. Passou a convidá-lo para passeios e refeições com as despesas bem divididas. Afinal, o paulista que se preza não paga nada para os gaúchos. Numa tarde o recepcionista do hotel perguntou pelo gaúcho e José logo respondeu: "Ele foi dormir com a mamãe dele." O recepcionista disse: "Mamãe? Mamãe?" Ele foi embora sacudindo a cabeça. Mais tarde, o gaúcho falou que o recepcionista estava gozando com sua cara. "Ele me perguntou se eu tinha dormido bem com a mamãe." José, responsável pelo desentendimento, disse para o gaúcho: "Esquece isso. Aqui tá cheio de cubanos. Eles não entendem a gente." A mulher do gaúcho ria com aquela situação.

Andamos muito por Miami. Fomos para o Parrot Jungle e Monkey Jungle. E ao centro da cidade. Fomos também conhecer os golfinhos amestrados, passeio indispensável. Acompanhamos os gaúchos na reunião no Alto Comissariado de Turismo da Flórida. O gaúcho disse que tinha uma agência de turismo e queria fazer um convênio com o Alto Comissariado, visando trazer turistas brasileiros para a Flórida. O diretor pediu um tempo. Pegou um livrão e disse: "Esqueça isso. A renda per capita do brasileiro é tão baixa que não há nenhuma possibilidade de fazer uma corrente turística para cá." E deu por encerrada a reunião. Saímos de lá chateados. José ainda ensaiou uma gozação com o gaúcho, mas eu cortei o assunto.

O gaúcho tinha razão. Anos depois o Brasil passou a ser o mais importante país no conjunto da corrente turística na Flórida. O acontecimento me deixou desconfiado com as interpretações dos americanos quando o assunto é estatística. Fomos em seguida para Miami Beach. Suas praias e a cor da água do mar nos encheram de satisfação.

Dois dias depois viajamos para Caracas para um passeio rápido e em seguida para o Brasil, onde cheguei doente, mas feliz por ter feito uma viagem que foi mais distintamente uma grande aventura.

Em 1970 encontrei-me com Magaly. Passamos uma semana de amor tórrido. Eu já estava inclinado à separação da minha esposa. Então, aconteceu. Ela me deixou quatro filhos. Foi uma adorada criatura. Faleceu em 2013, deixando-me muitas recomendações.

O ESTADISTA

A morte do presidente Kennedy, no dia 22 de novembro de 1963, em Dallas, no Texas, e de seu irmão Bob, no dia 5 de junho de 1968 no Hotel Ambassador, em Los Angeles, Califórnia, foram dois acontecimentos desastrosos para os norte-americanos.

John Kennedy estava muito empenhado em aprovar a Lei dos Direitos Civis, que seria em seu entender a carta de alforria dos negros e das minorias sociais. Seu governo estava também muito envolvido com o desbaratamento da grande quadrilha chefiada pelo presidente da Costa Leste do Sindicato dos Caminhoneiros. Seu presidente estava sob vigilância severa. Contra ele existiam investigações sobre a morte de seus opositores e outros desmandos. Bob considerava que uma grande quadrilha havia se formado. E por isso ordenou severas investigações. Até hoje (2022) fala-se nos Estados Unidos que a ordem para matar John partiu deste Sindicato.

A família de Bob tem outra versão sobre sua morte. Ele não foi morto por Sirhan-Sirhan e sim por um dos seguranças. Então, tanto a morte de John quanto a de Bob estão ainda ligadas a um panorama misterioso.

Em Dallas, a polícia indicou Lee Oswald como o assassino. Nada se conseguiu provar contra ele, que foi morto quando era transferido de prisão por um gângster do alto meretrício de Dallas, Jack Rugby. Lee Oswald, uns quatro anos antes, se mudou para Cuba. Consta que fez curso de guerrilha ministrado pelo exército cubano. Depois foi cooptado pelo serviço secreto da União Soviética. Lá tornou-se exímio atirador e em condições de chefiar um batalhão de soldados. Não se sabe o motivo porque Lee Oswald voltou aos Estados Unidos. Dez anos depois de sua morte, foi descoberto que ele tinha dupla função. Era espião da União Soviética e também da CIA.

Em 1969 havia em Washington especulações políticas. Chegou a ser aventada a hipótese de Kennedy ter sido assassinado a mando de Lyndon Johnson, seu vice-presidente e que tinha em Dallas seu centro político. Sua esposa possui vários interesses na área de comunicações. Quando morreu, seu inventário indicava que era acionista majoritária de várias estações de TV e de rádio. Alguns políticos chegaram a sustentar essa suspeita, mas ela não prosperou.

A conversa que um repórter teve com o chefe da família, Joseph Kennedy, foi quase profética. " Se John for assassinado? Joseph respondeu: "Aí temos o Bob para assumir o seu lugar. E se Bob for assassinado temos o Edward. E no futuro teremos o John-John, meu neto, que será preparado para ser presidente."

Bob foi assassinado. Edward se envolveu num acidente onde morreu sua namorada quando o carro derrapou numa curva e caiu num rio. Foi desprezado pela maioria da população. John-John faleceu num desastre de avião. Já foi aventada a hipótese de lançar Caroline, a filha de John Kennedy, para presidente.

Kennedy passou à história como um dos importantes estadistas mundiais do século 20.

Jundiaí, 25 de outubro de 2020